AF435518

* 9 7 8 9 9 4 8 8 2 6 5 1 4 *

العاقر والمهد

ميثم هاشم طاهر

العاقر والمهد

مسرحية

إصدارات دائرة الثقافة، حكومة الشارقة 2022 م

الناشر: دائرة الثقافة ـ حكومة الشارقة ـ الإمارات العربية المتحدة

الهاتف: 5123333 6 971+

البرّاق: 5123303 6 971+

الموقع الإليكتروني: www.sdc.gov.ae

البريد الإليكتروني: sdc@sdc.gov.ae

812.9567

ط.م. ع

طاهر، ميثم هاشم

العاقر والمهد / ميثم هاشم طاهر .ـ الشارقة، الإمارات العربية المتحدة : دائرة الثقافة، 2022.

68 ص؛ 21X14 سم.

الفائز بالمركز الأول في مجال المسرحية بجائزة الشارقة للإبداع العربي، الإصدار الأول، 2021-2022.

1 – المسرحيات العربية ـ العراق

أ – العنوان

ب – جائزة الشارقة للإبداع العربي (25 : 2021)

ISBN: 9789948826514

1 - الشخصيات:

جمال: دمية بحجم إنسان بالغ في الثلاثينيات، قد أبدع صانعها في منحها جلداً يشبه الجلدي البشري، وتعبيرات بشريّة في وجهها وجسدها.

سرى: دمية عمياء بحجم امرأة ثلاثينية، وقد منحها صانعها ما منحه للدمية جمال.

الطبيب: دمية لرجل يرتدي معطفاً أبيض، وبدا ثلاثينياً أيضاً، ومُنِح ما مُنح لصاحبيه.

محرّك الدمى: عجوز سبعينيّ.

الطيف: امرأة تشبه الدمية سرى.

صبيّ الإضاءة: في الثانية عشرة.

عازف العود: في العشرينيات.

2 - الديكور:

صندوق دمى يشغل المسرحيّة بثلاثة أضلاع، والرابع ستارة.

عناصر الديكور ستكون ذات دلالات موحية وبسيطة، في المشاهد الأول والثاني والثالث حجرة نوم وسرير وخزانة ومرآة ومزهريّة خزفيّة وصندوق خشبي مقفل وكرسي، ويتغيّر ديكوره في المشهد الرابع يكون الديكور طاولة ومزهريّة، أمّا في المشهد الخامس فيكون خالياً تماماً إلّا من صندوق خشبيّ صغير، وحائط أبيض.

3 – الإضاءة:

تعتمد المسرحية على الإضاءة في بعض المواقف التي تقتضي استغراقاً ذاتياً.

4 – الموسيقى:

لآلة العود مهمة إكساء المشاهد الدراميّة ضمن الملاءمة الوجدانية، ولكلّ موقف وجدانيّ مقام ينسجم وإيّاه.

المشهد الأول

(صندوق كبير بحجم خشبة المسرح تقريباً، أضلاعه الثلاثة من الخشب، والضلع الرابع ستارة حمراء).

صوت محرّك الدمى: يُفتح الصندوق.

(تُرفع الستارة، يظهر في يسار الصندوق سرير خشبي عليه فراش مغطّى بشرشف أبيض، ووسادتين، وعلى يمين الصندوق دمية عرائس بحجم امرأة بالغة عمياء، ترتدي ثوباً أرجوانياً، موصولة بخيوط تبلغ سقف المسرح، تجلس على كرسيّ، تقابل المرآة، وعلى الرفّ تحت المرآة مزهرية خزفيّة زرقاء، في بدنها امرأة ورجل متعانقان).

صوت محرّك الدمى:	لنسمّها سرى.

(بقـرب سـرى، دميـة أخـرى بحجم رجل بالغ يرتـدي قميصاً أبيض وبنطالاً أسـود، موصولة بخيوط مرفوعة لسـقف المسـرح أيضاً، يجلس علـى كرسي مدولب إلى جوار طاولة خشبيّة).

صوت محرّك الدمى:	لنسمِّهِ جمال.

(يمسـك جمال قلم كحل ويسـوّد رموشـها، فيمـا هي تقابـل وجهه لا المـرآة، ثم يترك القلـم علـى الطاولـة، ويلتقط مـن الطاولة نفسـها أحمر شفاه، فيرسم بالأرجواني على شـفاهها، فيما هي تبتسم، بعد ذلك يمشّط لها شعرها الذهبي الطويل، وبين الحين والآخر يضعه على أنفه، يشـمّه، الصمت يسود كلّ شـيء، وسـرى تطيـل النظـر إلـى المرآة، وتقاسيم العود على مقام النهاوند).

صوت محرّك الدمى:	الاكتمال!

سرى:	(تشبك يديها) هل صرتُ جميلة؟ لا تكذب عليّ. أنا لا أرى، كل ما أريـده أن أكون جميلة في عينيك.

جمال: (يشمّ شعرها) أَلِزاماً عليّ أن أكرّر دائماً: أنكِ لستِ جميلة فحسب، بل وفاتنة؟

سرى: (تتأوّه) لكنّني عمياء.

جمال: وأنا مقعد، وهل يمكن لسواي أن يطوّر فلسفة للجمال يتغاضى فيها عن النقص؟

سرى: أتراني جميلة في نقصي، أمّ إن الجمال بنظرك لا يستلزم الكمال الخلقي؟

جمال: (يهزّ يديه بضيق وملل) أرى الجمال في الاكتمال: واكتمالنا ليس مجازياً، بل حقيقياً.

سرى: هل تحبني لأنّك مقعد، أم لأنني عمياء، أم للاثنين؟

جمال: لمَ لمْ تضعي خياراً رابعاً؟ أنني أحبكِ؛ لأنّني أحبكِ دون هذه الأسباب التي أشرتِ إليها...

سرى: أتمنى لو أرى وجهي حين تُسمعني كلاماً حلواً.

جمال: سأكون مرآتكِ، سأصف لك بالتفصيل كيف يكون وجهك حينما تسمعين منّي كلاماً حلواً.

سرى: (تبتسم وترجوه) آه صِفْ لي يا حبيبي... صف لي أرجوك.

جمال: (يجلس قبالة وجهها) في البداية يكتسب خدّاك الممتلئان نصف امتلاءة لوناً وردياً.

سرى: (بحزن) لكنني لا أعرف كيف يكون اللون وردياً.

جمال: (يحكّ شعره ويفكّر) حسناً، ألم تقرئي عن اللون الورديّ، وقدرته على إراحة الروح والعين والقلب معاً.

سرى: (تبتسم برضا) أوه، فهمت. أكمل.

جمال: وحين يكتسب خدّاك لوناً وردياً ستعلو وجهك ابتسامة صافية، سيُفتح فمك قليلاً فيظهر صفّ أسنانك العليا أبيض، وقد لمحت حركة تقومين بها لاإرادياً حين تسمعين منّي كلاماً حلواً، ترفعين كفّكِ نحو وجهك، وتمسدين شعر حاجبك الأيمن، هذه الحركة أحبّها كثيراً.

سرى: (بخجل) هل أقوم بذلك حقّاً؟

جمال: (يطيل النظر في وجهها باكتئاب بادٍ) وحركة

أخرى تفعلينها أيضاً: كتفاكِ ترتفعان قليلاً خجلاً، وربما غنجاً...

سرى: (بخجل وترفع كتفيها) وماذا بعد؟

جمال: أذناك صغيرتان وجميلتان، وعندما أهمس بالكلام الجميل تُدنين رأسك نحوي، كأنك تريدين أن تشربي الكلمات...

سرى: ويح قلبي...

جمال: (يمسك يدها) تعالي نرقص...

(تقاسيم عود على مقام بياتي نوى: يرقصان في وسط المسرح، هو على كرسيّه المدولب، وهي تقف قبالته، يمسك كل منهما يديّ الآخر، وبعد أن يفلتا أيديهما، يصفّق ويغنّي، وهي ترقص أمامه رقصة غير متقنة... ثم تمدّ يدها بعد أن تعبت، تريد أن يمسك بهما، وحين يمسكهما تجلس على الكرسيّ قبالته).

سرى: هل أعجبك رقصي؟

جمال: (يحرّك رأسه بقرف) كل شيء فيكِ يسحرني...

سرى: وهل لون شعري يعجبك أيضاً؟

جمال: ألزاماً عليّ التكرار دوماً... (بنفاد صبر، ويبدو شعور الثقالة في ملامحه) كلّ شيء فيك يسحرني. أنتِ استعارتي الأمثل.

سرى: (تقوم لتدلك منكبيه) أنت أجمل استعارة في حياتي.

جمال: (يرفع رأسه ملتفتاً إليها) لولاكِ لما استطعت الاستمرار في ظلّ هذا العجز المقيم.

سرى: (لا تزال تدلك منكبيه) نحن صورة الاكتمال، كلانا عاجز إن بقي لوحده..

جمال: آهٍ يا حبيبتي.. ليس الاكتمال في أنكِ ترين من خلالي وأنـا أسير من خـلالـك... بل الاكتمال في الامتلاء الروحي لكلينا، فإن التقت حسرتان متغايرتان تصيران بعد ذلك عزاءين.

سرى: أنا لا أرى من خلالك فحسب، بل الوجود كلّه أنت بالنسبة إليّ. وحسرتي لعدم رؤيتي العالم حين التقت بحسرتك في عدم الاستطاعة على السير كلّ منا أطفأ حسرة الآخر.

جمال: (يقطّب بغضب) لو أن كاتباً شهد حياتنا لكتب عنّا رواية لا تُنسى.

سرى: أنت تستطيع ذلك، ألستَ من يكتب حكايات دُماه...

جمال: أنا روح العالم بينما الروائيون شهوده...

سرى: (تضحك) أنا العالم وأنت روحي.

(جمال يمتعض ضجراً، يسحب كرسيه بعيداً)

جمال: (يتمتم، ويلكُم ساقيه) لماذا يا ربّ أنا عالق بعجزي مع عمياء تصدّق ما أقوله...؟

سرى: ماذا تقول، لا أستطيع سماعك...

جمال: (يقبض على كفّيه بغضب) أقـول: كم أحبكِ...

سرى: لمَ ابتعدت؟ تعال إليّ.

جمال: (يسير نحوها مكتئباً) جئت إليك يا حبيبتي ويا زهرة عمري. ويا ضوء وجودي المعتم.

سرى: (تنحني لتكون قبالته، تلمس وجهها بيديه) أنت عيناي وأنا قدماك.

جمال:	(يمسك معصميها، يتظاهر بالابتسام): بصمتي الروحيّة أضاءت حين لامست يداكِ يديّ، فشعرت أنّ لي جناحين.

سرى	: (لا تـزال تدقّق بأصابعها في تفاصيل وجهه) وبصمتي الروحية حين لمست جناحيك إبّان تلك اللحظة الفريدة توهجت حتّى قشّرت ظلمات العالم بأسره في عينيّ. (تتشـابك أيديهما: تقاسـيم عـود على مقام النهاوند)

صوت محرّك الدمى:	في داخل كلّ إنسان بصمة روحيّة، وما الحبُّ إلّا وهج لبصمتين روحيتين، وقد يخفت الوهج فتعتم، ولا يمكن استعادتها إلّا بوهج آخر، فيكون كلّ نضالنا في الحياة أن نستبقي على بصمتنا الروحية مضيئة إلى الأبد.

جمال:	عمـاكِ استعارة عجز العالم في رؤيـة الأشيـاء، وعَوْقي استعارة عجز العالم عن السير، والحبّ استعارة اكتمال يُعشّق الاستعارتين العاجزتين (يُشبك أصابع يديه) اكتمال أضاء بصمتي روحينا يا حبيبتي،

فمن خلالي رُمِّمَ ثلمكِ فرأى العالم الجمال، ومن خلالك أُصلِح ثلمي فسار العالم إلى البراءة...

(يتركهـا، ويمضـي بكرسيّه نحـو حاقّـة المسـرح، يعتم المسرح وتسـقط عليه بقعة الضـوء، تصاحبه تقاسـيم عـود على مقام الحجاز)

جمال:	كيف يمكن لي أن أستمرّ في هذه الكذبة، الخدعة، يـا إلـهـي... مـا عـدتُ أستطيع الاستمرار في تقبّل هذه الاستعارة، بقيت لسنين كلّ النظرات مشفقة عليّ، ووحدها هي لم تستطع النظر إليّ، ومن ثمّ لم أشعر بشفقتها، هذا كان سبب تعلّقي بها لأوّل مرة، هي وحدها من تقبّلتني على عوقي، لكن علّتي أنّني استعارة سريعة السأم واليأس...

(يلتجـئ إلـى زاويـة مظلمة، تبقى سـرى وحدها في الغرفة، تعقص شعرها بقرّاصة، وتسـحب منديلاً مبلّلاً، وتُزيـل عن وجهها الكحـل وأحمـر الشـفاه، تقترب مـن حاقّة المسرح، تسقط عليها بقعة الضوء، تصاحبها تقاسيم عود على مقام الصبا زمزم).

15

(تتضرّع) أنا عمياء، لكنّني أرى، أرى يا ربّ، إن لم أستطع أن ألمسَ وجه جمال لأعرف، فأنا أشعر به، أشعر بأنّه ما عاد يحبني، أشعر بأنّه يكذب عليّ، يقول ما لا يعني، ويفعل ما لا يريد، أعرف أنّه يكذب، وأعرف أنّ ملامحه تعبس على الدوام، ويمثّل عليّ أنّه يبتسم، كلّ كلماته الحلوة مزيّفة، فأنا وإن سلبني الله البصر فقد منحني هبة أن أسبر الكلمات، فأعرف زيفها من حقيقتها، أعرف الكلمات الصادقة والكاذبة، الكلمات تأتيني محمّلة بمعانيها الخفيّة، بعض الكلمات متخمة وأخرى جائعة، بعضها تخرج من الروح فيخرج معها نفس حار، وأخرى تخرج من الحنجرة فيرافقها نفس بارد، بعض الكلمات تَسبح بصوت ساحر، وأخرى ليس فيها سوى الفراغ، أنا أعرف الكلمات، أعرف سبرها وقياسها، لا يهمّني المعنى السطحي، أكان ممتلئاً بالدلالة أم فارغاً، بل ما يهمّني في الكلمات أن تدخل إلى أذني وروحي ممتلئة بالصدق لا خاوية... ربما أضاءت بصمتانا الروحيتان لكنّهما انطفأتا، مع هذا أشعر

بأنّنا عالقان ببعض، فلا يتسنّى له تركي، فأنا خير مؤازر له، وأنا لا أقدر على التخلّي عنه أيضاً، لا لأنّه يُعينني وربما هو كذلك، بل كلّ ما هنالك أنا أحبّه، ولا أستطيع العيش من دونه، تمكّن أن يُريني العالم على الرغم من انطفائه عمراً، لا زلتُ أحبّه، لكنّه ما عاد كذلك، فكلّ ما يبقيه معي هو عجزه... تخيّل لو تمكّن صديقه الطبيب غداً أن يعيد لقدميه الحياة، فهذا الطبيب معجزة عصره... أوف، لا أريد التفكير بذلك.

(يطرق الباب وتتلمّس العمياء طريقها وتخرج، يظهر في المسرح جمال وحده، تطفأ أضواء المسرح، وتسقط عليه بقعة ضوء تُصاحبها تقاسيم عود على مقام العجم)

<table>
<tr><td>جمال:</td><td>لا يمكن لي أن أواصل هذه الكذبة، غداً حين تنجح العمليّة سأكون قد غادرت هذه الحياة الزائفة إلى الأبد، ليقول عنّي الناس ما يشاؤون، ليس مهمّاً، ما دامت سعادتي في مكان آخر، سأرحل ما إن تعود إليّ قدماي، وسألزِم الطبيب، إن لم تنجح العملية فله</td></tr>
</table>

أن يقتلني، وإن لم يقتلني سأنتحر، سأنهي حياتي بيديّ، لا أحبّ عجزي، فكيف وقد أضفت فوق العجز عجزاً آخر، لا أطيق هذه الحياة، قد يقولون لي إن ما يعوزني ليس إلّا الرضا والقناعة... ليقولوا عنّي ذلك، المهم أن أغادر. (تنطفئ البقعة فيحلّ الظلام)

صوت محرّك الدمى: دمية ثالثة تدخل في الصندوق لن نخلع عليها اسماً، إنّما نكتفي بالوصف الرسمي لها: طبيب.

(يُضاء المسرح، تدخل دمية بحجم إنسان بالغ ترتدي معطفاً أبيض، موصولة بخيوط تبلغ سقف المسرح، ومعها الدمية سرى تتلّمس الأرض بأقدامها).

جمال: أهلاً بصديقي الطبيب الطيّب.

الطبيب: كيف الحال؟

جمال: (مكتئباً) لا أعرف أيّ حال أنا عليه.

الطبيب: (يبتسم) هل أنت مستعدّ لعمليّة الغد؟

جمال: مستعدّ، ولي عليك شرط، إن كنت تحبّ الله عِدني بتحقيقه.

الطبيب: ما شرطك؟

جمال: عليك أن تقتلني إذا لم تنجح العملية..

سرى: ماذا تقول يا حبيبي؟

جمال: إمّا أن أسير أو أموت، لا أريد شيئاً آخر.

الطبيب: (زاجراً) لماذا لا تغلق فمك حين تفكّر أن تحكي كلاماً سخيفاً؟

جمال: سأغلق فمي...

الطبيب: (مبتسماً) ليس مصادفةً أن يكون صديقك المقرّب طبيباً عبقرياً، سيعيد إليك قدميك.

جمال: المصادفات، تقتلنا المصادفات يا صديقي الطبيب الطيّب... فلو لم أذهب إلى البقّال في عصر ذلك اليوم المشؤوم، لما جاءتني تلك الرصاصة الطائشة.. أحاول دائماً أن أتخيّل وجه ذلك الرامي الذي لا أعرفه، وأحاول أن أدرك المغزى في تلك المصادفة، فكيف من دون كلّ ثواني عمره أن يطلق تلك الرصاصة في هذه الثانية، وأنا من بين كلّ أمكنة العالم، وقفت تماماً في مرمى تلك الرصاصة المصادفة، لكن لا أدري لماذا

يتخيّل إليّ وجهه مليئاً بالدمامل، الرامي هو الآخر استعارة. مثله مثل دمامله والتفّاح والـرصـاص والـحـب والـزمـن والموت والموتى.

الطبيب: لا تبتئس، بعد ذلك عوّضك الله بخيال شاسع.

جمال: (محتدّاً بفظاظة) هل أعطيك الخيال كلّه، والدمى كلّها، وتعيد إليّ قدميّ؟

الطبيب: بل سأعيدهما غداً بلا مقابل، وشرطي عليك أن تكون متفائلاً في نجاح العمليّة...

جمال: كنت دائماً أقول لكلّ المتفائلين: ما سيأتي ليس أفضل مما مضى. ولكلّ المتشائمين أقول: فكرتكم عن أسوأ العوالم الممكنة نحن برهان عليها...

سرى: (تعابث شعره) ستسير يا حبيبي... ستعيش كما تحب وتهوى...

الطبيب: (يربّت على منكبه) غـداً سيكون الأمر عظيماً.

جمال: (يومئ) هل حقاً سأسير؟ كيف تكون متأكداً إلى هذه الدرجة...؟

الطبيب: (يضحك) لن تسير فحسب، بل ستركض مثل الحصان.

جمال: متى؟

الطبيب: (يلكز صدره) أسرع ممّا تظنّ؟

سرى: (لا تزال تداعب شعره) ستنجح العملية وتسير.

(ظلام).

المشهد الثاني

(في الحجرة نفسها، السرير مقلوب، الوسائد مبعثرة، والأغطية مكوّمة بين جمال الذي يقف على قدميه، وبين الزوجة سرى التي ترتجف قرب المرآة، تُمسك المزهرية الخزفيّة الزرقاء، ترافق المشهد تقاسيم عود على مقام البيات نوى).

صوت محرّك الدمى: (بحزن) النكران.

جمال: (ممتعضاً) أن أتهم بالنكران خير من أن أعيش في كذبة...

سرى: أيّ كذبة؟

جمال: كذبة أنّني قادر على مواصلة الحياة معك.

سرى: وحديثك السالف عن الاكتمال؟

جمال:	(بفظاظة) أشعرُ بأنني اكتملت، لا داعي لقدميك.

سرى:	هل تمزح معي؟

جمال:	لا أستطيع أن أكمل معك الحياة، فقد كنتُ عاجزاً وأحببتك من خلال عجزي..

(سكوت يصاحبه تقاسيم عـود على مقام الراست)

سرى:	(منهارة) أهكذا تُوفّى أجور العاشقين يا جمال؟ مـاذا تقول؟ أتمزح يا جمال؟ قلْ لي بربك إنّك تمزح، فلا يمكن لعقلي أن يستوعب أنّك ما إن سرت بقدميك، حتّى زللت نحو هاوية النكران، حيث القعر الوضيع للحقارة والدناءة.

جمال:	(غاضباً) والسفالة والخسّة، نعم، نعم... أخرجي كلّ كلمات الازدراء والاحتقار من الصندوق...

سرى:	(تسير نحوه حتّى تتعلّق بقميصه) دعك من الصندوق... وقلْ لي أنّك تمزح يا جمال. فهذا النكران لا يليق بك.

جمال: (يفلت قميصه ويبتعد) لم أحبّكِ يوماً، فقد أحببتُ تكاملنا معاً...

سرى: (تسكت مصدومة واجمة).

جمال: أريد أن أرى الدنيا... لا يمكن لي أن أعيش حبيس العتمة في عينيك...

سرى: (بغضب مازجه مقت وحزن) كم أنت نذل وحقير!!

جمال: أنا ما عدتُ أحبّكِ.

سرى: لكن... قبل أن تقف على قدميك كان لسانك يقطر حبّاً...

جمال: حين رأيتك، كان كلانا عاقراً ومهداً... الآن لستُ عاقراً ولستُ مهداً.

سرى: (تغالب الغثيان) بحياتي لم أشعر بالقرف مثلما أشعر به الآن.

جمال: (يرفع يديه للأعلى) لا يهمّ ما تقولينه، فأنا روح هذا العالم.

سرى: بل أنتَ الوسخ الأسود تحت ظفر أصبع القدم الصغير للعالم. وأنا...

جمال: (يقاطعها بحنق) وأنتِ ماذا؟

سرى: (مستاءة) أنا فم العالم الذي يبصق على أمثالك.

جمال: (يلتفت صوب الجانب الآخر من المسرح) أنتِ غير حقيقية، أنتِ دمية.. استعارة، أنـتِ لا وجـود لك، أنت استعارة ضعفي وعجزي...

سرى: (تعطيه ظهرها) هذا الطبيب اللئيم أبرأ ساقيك، لكنّه شلّ دماغك...

جمال: لا وجود لكم، أنتم دمى، استعارات، حتّى الطبيب استعارة، حتى كرسيّ المدولب القديم استعارة.

سرى: ستقتلك استعارة ما، وحين تحتضر ستعرف أن لا شيء في العالم استعارة، كلّ شيء حقيقيّ، على الرغم من أنّ القول بالاستعارة قد يليق بعمياء مثلي.

جمال: العمى استعارة، والإنسان الأعمى هو...

سرى: (تقاطعه زاجرةً) لا تُكمل أيها الفظّ اللعين.

(يُطـرَق الباب، يخرج جمــال ليفتحه، فيما

بقيت سرى وحدهـا في المسـرح، تذرعه
جيئـةً وذهاباً، تمسـك مزهريتها، وترتجف
يداها، تعثر بالوسـائد والأغطية، تصاحبها
تقاسـيم عود على مقام الحجاز، يُطفأ النور،
وتسقط بقعة ضوء عليها)

سرى:		(تخاطب نفسها) كيف لمن منحته روحي
وقلبي أن ينكرني؟ قضيت معه السنين هذه،
متحملةً سأمه ومزاجه المتقلّب، ورثاءه
لنفسه وولولته، وأوّل ما سار طار، آهٍ لكم
حقير هذا الإنسان، يجيد النكران ولا يعرف
أن يمتنّ... أنا وحيدة، لم يكن لي سوى أب
مات بالسكّري، وأمّ لحقته بعد أن عجزت
كليتاها.. أنا سيّئة الحظ، عشت وحيدة،
ويبدو أنّني سأموت وحيدة.

(يُضاء النور، يدخل الطبيب، تعطيه سـرى
ظهرها وكذلك يفعـل جمال، يطالع الطبيب
الفوضى، محشـوراً بين ظهريهما وتقاسيم
العود على مقام البيات)

الطبيب:		ما بكما؟

جمال:		(بنفاد صبر) سئمتُ من استعارة العمى...

سرى: (بألم) هذا الرجل فيه بقيّة من عقل، لحسها الجنون نهائياً، وكلّه بسببك أنت أيّها الطبيب المغفّل، لو تركته على كرسيّه المدولب لكان أفضل له ولي...

الطبيب: أنا طبيب، رجل علم، أعمل جهدي لمعالجة الناس، بغض النظر عن مستويات تفكيرهم، فلو جاءني غداً قاتل، وحياته وموته معلّقان بيديّ، لن أفكّر للحظة بأي سؤال أخلاقي، بل سأعالجه... حتى لو كان من المتوقع أنّه بعد ذلك سيقتل بريئاً.

سرى: (بـازدراء) ألا ترى من الفداحة أن تعين الجناة على استمرار شرّهم؟

الطبيب: ليس للطبيب أن يفكّر مثلما تفكّرين، نحن نتعامل مع الجسم الإنساني، لا مع الأفكار والعواطف والنزعات والرغبات.

سرى: هذا يعني أن لا أخلاق لكم ولا مشاعر ولا تفكير.

الطبيب: نحن لا نخلط التوقّع الأخلاقي بحالة الجسم الـذي يحتاج تدخلاً طبيّاً، بل نـرى أنّ الحدود الأخلاقية للطبيب تحتّم عليه أن ينقذ

الأجسام، بغض النظر عن سوء صاحبها، وأخلاقياته ومعتقداته، هنا اختلفنا أنا وأنت في تحديد الأطر الأخلاقيّة.

سرى: (بحزن خالطه غضب ومقت) اليوم كرهتُ صانعي الدمى والأطباء معاً.

الطبيب: وهذا خطأ، لا يليق بإنسان عاقل أن يعمّم كما فعلتِ، فليس كلّ صانعي الدمى مثل جمال، ولا كلّ الأطباء مثلي.

سرى: ألم تعمّم أنت في إنقاذك كلّ جسم... تنجد الأخيار والأشرار معاً!

جمال: لستُ شرّيراً، كل ما هنالك أنني ما عدتُ أحبكِ.

الطبيب: (بغضب) اخرس أنت.

جمال: هذه مشاعري ولن أخفيها، لا أريد أن أعيش الكذبة حتى آخر عمري.

الطبيب: (لائماً) لم أرَ نكراناً بغيضاً مثل نكرانك، ولم أصادف بحياتي إنساناً فظّاً يجرح القلوب مثلما تفعل. وا أسفي على الأيّام التي عشناها معاً.

جمال: 	(يخطو خطوتين) سأرحل، لستُ مجبراً على البقاء بين زوجة عمياء عاجزة، وبين صديق لا يتفهّم مشاعري.

الطبيب: 	هل تعي درك البشاعة الذي بلغتَه؟

جمال: 	لا تستطيع أن تشعر بما أشعر، يقتلني الحزن حين أفكّر للحظة أنّها لا تراني إلّا بأصابعها...

الطبيب: 	لمسة من يحبّك خير من كلّ عيون العالم.

جمال: 	أريدُ أن أكون مرئياً لمن أحبّ...

الطبيب: 	أنت مرئيٌّ بالنسبة إليها، هي تراك بروحها وأناملها، ولعمري أنّها رؤية حقيقية لا يمكن تزييفها.

جمال: 	لن أبقى.

الطبيب: 	إيّاك والرحيل، فليس مصيرك سوى الندامة، أعرف أيّ قلب هشّ هو قلبك، قد تبدو الآن أمامي صلداً، لكنّها صلادة صبيانية، ما تلبث أن تتلاشى، وقتها لن تجدنا بانتظارك، حتى إن عدت سيكون النبذ الشيء الوحيد الذي نقابلك به...

جمال:	بِئس الصديق أنت، تكون معها ضدّي.
الطبيب:	لا تتصابَ، أنت صديقي، وحبّي لك لا يجبرني على أن أبرّر ظلمك وأباركه، كما أنني لو كنت أمقت سرى كلّ المقت، فلا يعني أنني أرضى بأن تُظلَم، العدالة لا علاقة لها بالقلب، بل بالضمير.
سرى:	أرجوك أيّها الطبيب، اتركه، لم أعد أُحبّه، بعد نكرانه لا يمكن لي أن أتقبّل وجوده في حياتي.
جمال:	(ضاحكاً) اسمع أيّها الطبيب اللائم، اسمع الحقيقة وهي تولد من فم صادق، ألا تسمع، إنّها لم تعد تحبّني.
الطبيب:	(مصدوماً) يا إلهي، أنت مجنون.
جمال:	(يحرّك رأسه) الآن ارتحت أيّها الطبيب اللائم، ألم تسمعها؟ إنّها لم تعد تحبّني، لن أشعر بالإثم لأنّني هجرتها، فهي لم تعد تحبّني، لم تعد...
الطبيب:	(محتدّاً) اخرس. أنا الآن لا أرى إنساناً أمامي، بل مخلوقاً ما يُشبه الإثم الذي لا

غفران له، والقبح الذي لا يمكن تجميله بكلّ مساحيق العالم.

جمال: (غاضباً يرتعد ويصيح) لستُ قبيحاً، أنا لا أريد أن أقضي الحياة في كذبة سمجة، افهماني... لماذا عليّ أن أستمع إليكما، أن أهدر عمري وكل الإمكانات السعيدة التي تنتظرني والمخبّأة لي في العالم لأجل كذبة، دعاني وشأني، دعاني أنقذ ما تبقّى من حياتي، لأعيش لنفسي، لا تجبراني على المكوث في ما لا أحبّ، (يجثو باكياً) هناك سعادات مخبّأة لي أريد اكتشافها، هناك بحار وبلدان ونساء وخمر ومسارح وسينمات.. بانتظاري.

سرى: (تقاطعه وتلتفت إلى جمال) ارحل، وقبل أن ترحل دعني أخبرك أمراً.

جمال: (بغضب) لن أسمعكِ...

الطبيب: (يُمسك كُمّ جمال) على الأقل اسمع كلمة وداعها، أنت مدين لها بذلك.

جمال: (يلكز صدر الطبيب) صديق سيىئ... (ينظر إلى سرى) أسمعكِ، قولي ما تريدين قوله،

وكلّ سباب العالم أنزليه فوق رأسـي، لا أبالي.

سرى: (بكبرياء) السباب ليس من شيمي، لكنّني أحببت أن أقول لك وأنت في خطوة هجرانك الأولى: بعد خروجك من بابي... لن تعود إليه، وسيلعنك كلّ حجر وطائر وشجرة.. لن تجد الهناءة في حياتك أبداً.

جمال: الحجر والطائر والشجر استعارات أيضاً. لا عليكِ سأتعامل مع تلك اللعنة المزعومة.

سرى: (تهزّ رأسها بثقة) ستعود يا جمال، وستقبّل قدميّ لأغفر لك (تشير إلى قدميها).

الطبيب: (يهتف بينهما) عجباً يا إلهي، كيف للإنسان أن يمزّق قلب إنسان لم يحمل له إلّا الحب؟ يا إلهي كيف لإنسان أن يجرح إنساناً لا ذنب له سوى أنّه يحبّه، يا إلهي من أين للإنسان كلّ هذه القسوة حين ينكر حباً، وإنساناً وقف معه في أحلك ظروفه؟

جمال: لا يمكن لي أن أواصل هذه الكذبة. كم مرّة عليّ أن أكرّر هذه العبارة.

الطبيب: ليس ثمة أصدق من حبّها لك، وأنا شاهد أبدي.

(صمت، ترافقه تقاسيم على مقام الصبا، ترفع سرى المزهريّة إلى الأعلى، قبل أن تقذفها بين قدميّ جمال، تتهشّم)

سرى: (بحزن) أليس كلّ شيء عندك استعارة، خذ هذه المزهريّة استعارة حبّي لك، وقد تهشّم إلى الأبد، ارحل.

جمال: (يسحق بقدمه قِطع المزهرية المكسورة) حسناً، العالم مليء بالاستعارات فاختارا منها ما يليق بغضبكما تجاهي، قولا عنّي ما تشاءان، ولتتنزل عليّ لعنات الناس أجمعين، لن أكترث لشيء بعد الآن.

الطبيب: بشع!

جمال: صِفاني بالبشع القاسي، بالنذل، بعديم المشاعر، لا يهمّ.. ما دامت سعادتي في مكان آخر.

الطبيب: لن تهنأ.

جمال: (بحرقة) سأرحل، لا مكان للطائر في

الجحور ما دام جناحاه سليمين... سأحلّق بعيداً عن الكذبة، لن أنهي حياتي مع عمياء لا تراني...

الطبيب:	أتعرف ما يعوزك؟

جمال:	قد تقول إنّ ما يعوزني ليس إلّا الرضا والقناعة... ربما كلّ ما تقوله صائب، لكنّه لم يعد مهمّاً بالنسبة إليّ، (يبتسم بخبث) أنا راحل.

(كل منهما يخرج من جهة، سرى تخرج حزينة غاضبة، فيما جمال يخرج فرحاً، ويبقى الطبيب وحده وسط المسرح، ظلام وبقعة ضوء تسقط عليه، ترافقها تقاسيم عود على مقام الصبا)

الطبيب:	(يتحدّث مع نفسه) هل أخطأت حين منحت لهذا الفظّ اللعين قدمين؟ ليس ثمة أبشع من كسر قلب عمياء تحبّك وكنت عالمها الوحيد، كلّ عالمها... نعم أنا أخطأت، يجب تعديل القانون الأخلاقي للطبّ، لا يجب إنقاذ السفلة، النكران عار البشرية.

(ظلام)

المشهد الثالث

(ظلام وبقعة ضوء تسـقط على جمال، يقف في منتصف المسرح، تقاسيم عود على مقام الصبا زمزم)

صوت محرّك الدمى: مـا الـسـعـادة؟ (يقبض جمال على يديه ويبسطهما كلّ البسط، ويرفعهما بمستوى نظره) كلّ ذلك البياض الـذي منحه إيّاه الحبّ النقيّ لوّثه العالم القبيح... كان يصنع له الفخاخ والمكائد، ويزيّن له قبحه بأقنعة الجمال الذي تغريه لذائذه، ويُبهره بزخرف دنيا خدّاع، وبهرج زائف عن حياة كانت كلّ مبتغاه، وحين عاشها رآها لا تشبهه، لا تنسجم وبراءته الأولى، كما لا تستحقّ أن يضحّي من أجلها بحبّ نقيّ، (يضرب بأصابع كفّه اليمنى صدره) إيهِ صانع الدمى

التعيس، كان العالم يخبرك أنك لم تعش حياةً، بل ظلَّ حياة، أو موتاً يشبه الحياة، أو حياة تشبه الموت. إيـهٍ، صانع الدمى المنحوس كان العالم يحرّضك. هناك خبايا سعيدة تغلّفها لك الدنيا بسيلفون ملوّن أخّاذ ما عليك إلّا أن تهجر حيّزك وتفتح هداياه... إيهٍ صانع الدمى المغبون كان العالم يبهرك: ثمة شواطئ ساحرة، ومدن آسرة، ورقص وغناء وشهرة وأضواء ونساء فاتنات ولذائذ لا تنتهي... وللمحروم أن يسيل لعابه ويشدّ ركابه نحو زخرف تلك الدنيا السعيدة... (يجثو جمال مطرقاً، ويلكم فخذيه).

جمال: ليس ثمة لذّة لم أجرّبها، من النساء أجملهنّ، ومن المشروبات ألذّها، ومن المدن أروعها، لكن كلّما أغرق في الملذّات أفتقد نفسي، أفتقد حبيبتي سـرى... أفتقد تلك البراءة الصافيّة... كلّما أبتهج لمرأى مدينة ساحرة، أو حديقة غنّاء، أشعر بالوحشة والغربة، وأفتقد الألفة النقيّة الماكثة أبداً تحت الأفياء الوادعة لحبيبتي سرى (يشبك ذراعيه) حاولت أن أنسى، شربت خمور الدنيا كلّها

ولم أنسَ وجهها الصبوح، وضحكتها، وبراءتها، وبساطة قلبها... غطست حتى الرأس في أضواء الشهرة، يتردّد اسمي بين أفواه الفاتنات وقلوب الحالمات، كأعظم صانع دمى في العالم، تُقام على شرفي مهرجانات صاخبة، فنّانة فاتنة عذراء رسمت لي ثمانية عشر بورتريهاً لتستميل قلبي، ومثلها فعلت تلك الموسيقية الجميلة حين كتبت لأجلي خمس عشرة أغنية.. وغنّتها بأرفع المسارح، يا إلهي... كلّ تلك السعادات الغامرة، كلّ الأجساد النواصع ما كنتُ لأعادلها بملمس أصابع سرى الحانية، كانت تلك محض أجساد رخامية صمّاء فيما كانت أناملها تضجّ بالحياة، ومليئة بالحنان النقيّ الصافي... (يتحسّر).

(تُطفأ بقعة الضوء...

صمت ترافقه تقاسيم عود على مقام السيكاه هزام.

يُضاء المسرح...

جمال يلملم شظايا المزهريّة المكسورة

(ويضعها في حقيبة جلديّة، وفوق رأسه يقف
الطبيب).

صوت محرّك الدمى: البراءة.

جمال: (نادماً) أريد أن أستردّها...

الطبيب: ما هي فكرتك عن الاسترداد، غير ترتيب
السرير وإزالة قطع المزهريّة المكسورة؟

جمال: (يرفع له قطعة كبيرة من المزهريّة) أريدك
أن تبتر قدميّ.

الطبيب: (ساخراً) فكرة صبيانية أخرى.

جمال: أعنّي لأستعيد البراءة، بعد أن لوّثني
العالم الذي أسهمتَ في إدخالي إياه، كنتُ
أصدّق في كلّ الناس ولم أكذب، الآن لن
أصدق بأحد، وأكذب في كلّ شيء، كنتُ
أخجلُ من ظلّي، والآن لا أُعير لأيّ أحد
مقدار حبة من حياء، لستُ راضياً عنّي،
كنتُ أرى للحياة غايات نبيلة، فيما الآن لا
أرى بالحياة إلّا الملذّات، كنتُ أحبّ الناس
بمختلف عاهاتهم الروحيّة، الآن لا أحبّ
أحداً سوى نفسي...

الطبيب: تريد تخليص نفسك من نسختك المقيتة هذه من خلال بتر ساقيك؟

جمال: (انتشل آخر قطعة من قطع المزهريّة) آمُل أن تساعدني بذلك...

الطبيب: ليساعدك الله على عقلك الآسن، أمّا أنا فلا أبتر ساقاً سليمة.

جمال: (يضع الحقيبة وراء ظهره ويجثو في منتصف المسرح متضرّعاً) كم لوّثني العالم يا الله، أريد لمستك الحانيّة كيما أستعيد براءتي، حيث ذلك الولد المطمئنّ الوافر الحياء، الصادق، النقيّ القلب... ليس ذلك مستحيلاً. ما عليّ إلّا أن أستحمّ من قذارة العالم بماء الزعفران، بعد أن تقرأ عليه حبيبتي سرى سورة الرحمن...

الطبيب: حبيبتك التي كسرت قلبها...

جمال: سأقبّل قدميها لتغفر لي.

الطبيب: (لائماً) أن تكسر قلباً يحبّك، ووقف معك في أحلك ظروفك، وتقبّلك على ما أنت عليه، ولم يخنك، لا يُعدّ نكراناً دنيئاً فحسب بل جناية عقوبتها النبذ..

جمال: (جاثياً راجياً) دُلّني عليها... ابترْ قدميّ..

الطبيب: (برقّة) ماذا حدث لصانع الدمى الشهير السعيد حتّى عاد إلى رشده، بعد كل تلك السنين؟

جمال: كلّ المباهج التي عشتها لم تكن حقيقية، كانت زخرفاً، هذه ليست الحياة.

الطبيب: وهل تركت تلك الدنيا الملوّنة لتبحث عن امرأة عمياء مسكينة...

جمال: لم ينبض قلبي بعدها أبداً.

الطبيب: لا أظنّ أنّها ستتقبّلك...

جمال: أنت لا تعرفها مثلي، الغفران مزيّتها، والسماح تجيده أكثر ممّا تجيد الحقد...

الطبيب: نكرانك لا يستطيع أن يغفره حتّى أشدّ القلوب رقّةً.

جمال: لقلبها سعة العالم، أنت لا تستطيع تخمين قدرتها على الغفران.

الطبيب: (يومئ) أتـذكر مسرحيتك عـن المهد والعاقر...؟

جمال: لعنتي هذه...

الطبيب: أنت العاقر وسرى المهد، لا شيء لك الآن سوى الحسرة.

جمال: هذه المسرحيّة لعنة منذ أن قدّمتها، كنت أبحث عن امرأة واحدة تنظر إليّ، أو على الأقل تُشعرني بوجودي، فصارت كلّ نساء الكون مهوداً وأنا عاقر... ومجيء سرى كمهد حلم، جاء لروحي العاقر...

الطبيب: (لائماً) وما إن وقفت على قدميك حتّى صارت هي العاقر وأنت المهد...

جمال: كــان ذلــك الاستبدال لا يليق إلّا بسافل وضيع...

الطبيب: وقد أجدت السفالة آنذاك بصورة بليغة...

جمال: ابتر قدميّ إذن...

الطبيب: لا تتصابَ، وقل لي هل بحثت عن سرى؟

جمال: بحثت عنها في كلّ مكان، ولم أجد لها أثراً.

الطبيب: لو افترضنا أنّك وجدتها، بأيّ وجه ستقابلها بعد نكرانك؟

جمال:	لا أعرف، سأقبّل قدميها فحسب...

الطبيب:	لن تصل إليها...

جمال:	أتعرف مكانها؟

الطبيب:	(هازّاً رأسه) أنا أعرف أين هي...

جمال:	أرجوك دُلّني...

الطبيب:	لا أستطيع ذلك...

جمال:	أقسم بكل ما هو عزيز عليّ لن أؤذيها حبة خردل...

الطبيب:	تأخّرت بالعودة يا صديقي.

جمال:	كيف؟

الطبيب:	رحلت إلى مكان ما، لا أتصور بمقدورك أن تذهب إليه بقدميك؟

جمال:	(مرتجفاً) أين ذلك المكان؟ هل ماتت؟

الطبيب:	لا يهمّ أين هي الآن. المهم أنك لن تستطيع الوصول إليها.

جمال:	أقسم عليك بكل من تحب، بروح أمك الطاهرة، أن تخبرني أين هي؟

الطبيب: قبل أن ترحل أقسمت عليّ بـروح أمّي الطاهرة أيضاً ألا أخبرك، كانت تعرف أنّك ستعود نادماً... منكسراً، تعرف أن دعواتها مستجابة، وأن الله سيستمع إليها...

جمال: (يتوسّل) أرجوك أخبرني... هل هي حيّة؟ صحتها؟

الطبيب: لا يهمّ كلّ ذلك... المهمّ أن تكفّر عن إثمك باستعادة براءتك، حاول ذلك...

جمال: (باكياً) لن أنجو من دونها، أحبّها، أحبّ براءتها وحبّها لي وحنانها ورقّتها...

الطبيب: (متأفّفاً) لو كانت كذلك فلماذا أيّها الغبي ضيّعتها من بين يديك؟

جمال: آفتي السأم.

الطبيب: ومن يضمن أنك لن تسأمها بعد أن تصل إليها وتطلب غفرانها وتغفر...

جمال: حين لمست كمّ الحبّ الذي في داخلي..

الطبيب: (يقاطعه) لا تُكمل، لن تجدها، جئت بعد فوات الأوان. افهم ذلك.

جمـال: لا تقل لي إنّها ماتت!!

الطبيب: الموت استعارة؟ أليس كذلك أيّها الصانع المهووس بالاستعارات.

جمـال: ليس هناك حقيقة أنصع من الموت.

(ظلام)

المشهد الرابع

(في المسرح كنبة حمراء، وطاولة خشبيّة، فوقها عصا ومنشار، في طرف الطاولة جمال، يحمل مزهريّة ملتئمة كسورها بالذهب، وفي الطرف الآخر من الطاولة تقف سرى مثل تمثال شمعي. صمت ترافقه تقاسيم عود على مقام السيكاه هزام)

صوت محرّك الدمى: الغفران...

سرى: (بحياد بارد) لمن لا يستحق الغفران لا يمكن أن نمنحه إيّاه.

جمال: (بتذلّل) عن فداحة ذلك الشقّ العميق الذي ترينه في روحي، أخبرك أن لا حياة لقلبي دون قلبك، ولا لروحي دون روحك، أنا لستُ سوى كلمة فارغة، ووحدك من يستطيع أن يملأها بالمعنى.

سرى: (ساخرةً) وعن فداحة ذلك الشقّ العميق الذي أحدثه نكرانك في روحي، أخبرك أنّني لن أسامحك.

جمال: (مطرقاً حزيناً) أشعر بأنني لا شيء من دونـك، أنـتِ كلّ شـيء، يا كلّي وكمالي واكتمالي.

سرى: (تبتسم) هذه التعابير الشعرية المبتذلة ما عادت تنطلي عليّ... ولا تؤثّر فيّ، ولا تحرّك في قلبي ساكناً. حاول أن توفّر على خيالك التعب.

جمال: (يضع المزهريّة على الطاولة ويركع لها) كلّ استعارات العالم الآن أذبحها قرباناً لأجل أن تمسحي على رأسي بيدك.

سرى: (بصرامةٍ) ما عدتُ أطيقك...

جمال: لأجلك سأبتر قدميّ... رجوت الطبيب أن يفعل ذلك، فرفض..

سرى: (ببرود) لا يهمّني ذلك...

جمال: (يشير إلى المنشار) مدّي يدك إلى الطاولة، تحسّسي المنشار... سأقطع قدميّ أمامك...

ولتكن قرباناً لأجل أن تغفري للرجل الآبق.

سرى: أتظنّ أنّ لـديّ ميلاً للعاجزين وأنني ما أحببتك إلّا لعوقك، حتّى تفكّر باسترداده لتكتمل معي؟ أنت واهم يا جمال لستُ ناقصة لأكتمل بك أو بغيرك، ولم أحببك لعوقك... والاكتمال الذي خضنا فيه من قبل كان أساسه الحبّ لا الحاجة...

جمال: أنا النقص المحض، وأنتِ الكمال كلّه.

سرى: ولماذا تبتر قدماً سليمة؟ أتظنّ أنك بهذه الحركات الصبيانية تجعلني أغفر نكرانك؟

جمال: ومن أكبر منكِ قلباً حتى لا أطمع بذلك...

سرى: لا يليق بالرجل أن يراهن على الاستعطاف.

جمال: لا أستعطفكِ، أنا أحبّكِ، هذا ما اكتشفته حين غرقت في كلّ لذائذ الدنيا، في كلّ لذّة أجرّبها تؤلمني روحي. عرفتُ حينها أنّ كلّ مباهج الدنيا لا تساوي ملمس أناملك لوجهي.. بهرج الدنيا خدّاع لا يعرّيه ولا يكشف زخرفه سوى الحبّ النقيّ، لذا من دونكِ شحبت الدنيا بعينيّ، وبهتت.. صارت شتاءً قارساً.

سرى: (ببرود) مع هذا لن أغفر.

جمال: (يُطرق مغمغماً بكلام مبهم: ترافق غمغمته
           تقاسيم عود على مقام الحجاز)

سرى: أتعرف قد رأيتك في منامي قبل أسابيع،
           الأعمى لا يرى إلّا في أحلامه...

جمال: (منشرح الصدر) الأحلام رسل الله إلينا،
           ماذا رأيتِ؟

سرى: رأيتك تغرق في نهر مجنون، وأدرت لك
           ظهري، لكنّ قلبي التفت إليك... القلوب هذه
           علل المصائب، حاولتُ إقناع القلب بأنّ
           نكرانك لا سماح فيه، فلم يمنحني إلّا أذناً
           صمّاء...

جمال: القلوب صمّاء...

سرى: (تقاطعه) دعني أكمل.

جمال: أكملي يا كمالي واكتمالي.

سرى: مددت لك حبلاً متيناً.

جمال: وخرجت؟

سرى: للأسف نجوت.

جمال: 	(متحمّساً) هذه رسالة من الله إليك، مفادها أنّني تغيرت... فهل من صفح؟

سرى: 	أعرف أن الغفران يمنح الإنسان سلاماً داخلياً ثرّاً، ويطهّر القلب من أدرانه. مع ذلك أراك لا تستحق.

جمال: 	ألم تؤلّفي كتابي عن فلسفة الغفران، وكيف أنّه يحمي الذات من الانحدار.. ويقيها من هاويات اللوم الداخلي، والولولة والألم.

سرى: 	حين كتبت ذلك لم أكن أعرف ما النكران، ولم أحدس قدرة الإنسان على بلوغ قاع الدناءة بصورة فظيعة.

صوت محرّك الدمى: 	النسيان.

جمال: 	(يطرق) النسيان كفيل في ترميم انكسارات الروح.

سرى: 	قبلك عـوّدتُ نفسي على النسيان لأنجو من مهالك الذاكرة، وبعد ما فعلت تعوّدتُ نسيانك أنت، لا نسيان ما فعلتَه بي.

جمال: 	أيمكن أن نبرّر الغفران وفقاً للتفكير بالطبيعة البشرية وإمكانيّة نزوعها إلى النكران؟

أعرف أنني لا أستحقّ السماح، لكن ليس كلّ من لا يستحقّ غفراناً ألا يحاول إن كان من يطلب منه ذلك أوضح مزاياه النبلُ والسماحة والحُلم. ولم أرَ بحياتي أكثر سماحة من قلبك ولا أنبل.

سرى: (تبكي) ما فعلته بي لا يمكن نسيانه ولا غفرانه.

جمال: شُفيت من طباعي المريضة، شفيت بفعل الشوق والحبّ ومعرفة أن لا شيء في الدنيا يساوي لمسة يدك الحانية.

سرى: الطبع في البدن...

جمال: (يقاطعها) يتغيّر بالحب، بالإصرار لا الكفن وحده. (يزيح الطاولة، ويُمسك المزهريّة، ويضعها بين يديّ سرى)

سرى: (تلمسها) ما هذه؟ أمزهريّة أخرى؟

جمال: هي نفسها.

سرى: (تلمس برفق الالتئامات الذهبيّة في المزهريّة) هل أصلحتها؟

جمال: رمّمتها بالذهب.

سرى: الذهب! أكـان عليك ذلـك؟ هل تظنّ أنّك ستشتري غفراني بالذهب بعد أن تخفق في استدراره بالاستعطاف؟

جمال: في اليابان إذا انكسرت كأس أو إناء خزفي له ماضٍ يعيدون إصلاح كسوره بالذهب، فيكون أجمل ممّا كان عليه، والمزهريّة استعارة حبّنا، لعلّ الغفران يُعيده أجمل ممّا كان عليه، كما جعل الذهب المزهريّة أجمل ممّا كانت.

سرى: (تحتضنها) لا زلتُ أذكر حين اشتريتها لي، ووصفت لي العناق المرسوم بإتقان على بدنها، فرحتُ، اعتبرتها منذ تلك اللحظة استعارة حبّنا، أحاول جهدي للحفاظ عليها لكيلا تُثلم أو تتصدّع أو تُشرخ، وما كنتُ أفكّر للحظة أنّني بيديّ سأقدم على تحطيمها بعد أن رأيت الحبّ يتهشّم بفعل النكران.

جمال: ما حطّمه النكران يستطيع الندم والغفران أن يرمّمه.

سرى: أعرف أنّ الغفران يُعظّم أنفسنا في عيوننا، ويبرهن على أن الإنسان بوسعه أن يمتنّ

حتّى لأولئك الذين داسوا بكل قسوة ولؤم على قلوبنا المزهرة الخزفيّة، لأنّهم علّموه أن يسامح.

جمال:	أيعني أن ثمة أملاً لي...؟

سرى:	أسامحك بشرط...

جمال:	لا شروط في الحبّ، لكنّ للغفران شروطه، فاشرطي عليّ.

سرى:	شرطي الوحيد أن ترحل عنّي، أن تبتعد قدر ما تستطيع؟

جمال:	الموت أهون.

سرى:	لا يحيا العشق في قلب رجل يسأم سوى بالشوق، ولا شوق إلّا حين تفارق من تحبّ.. أنا سامحتك، لكن لا أستطيع العيش معك، يبدو أن حبّنا من فصيلة ما يموت بالسأم، وأنت أكثر الرجال سأماً، لا يجذبك نحوي الآن سوى رغوة الشوق، إن تلاشت غداً أو بعد غد، ستنبذني مرةً أخرى، حينها لا يمكن لقلبي أن يحتمل انكساراً آخر.

جمال:	أعدكِ، سأكون معك حتى آخر رمق في حياتي.

سرى: (تعطيه ظهرها) لن أعـود، أنـا محض طيف... لستُ إلّا استعارة الحب النقيّ.. النسخة البريئة من نفسك.. استعارة الحبّ المخذول، الحبّ الذي نعود إليه نادمين، مخذولين، نحاول أن نستحضره لنستجلب نسخنا البريئة من أنفسنا، الاستعارة الآمنة التي نعود إليها بعد أن تُنهك خطانا دروب العالم. أنا لست إلّا استعارة في حكاية لا تريد لها أن تنتهي... أنا استعارة الحبّ الذي نجده مرّة ونفرّط به، ومهما حاولنا أن نستعيده نخفق... أنا استعارة الحب والغفران... أنا مهد روحك العاقر، أنا استعارة. (وتغادر)

(يطيل جمـال النظر فـي المزهريّة، يمرّر أصابعـه علــى الالتئامـات، ينظـر باتجاه الجمهـور، يغمض عينيه ويضع كفّه اليمنى علــى قلبه، وفي اليســرى يضــم المزهريّة إلى صدره ويتمتم، ترافقه تقاسـيم على مقام الصبا زمزم)

جمال: آهٍ يا روحي العاقر، آهٍ يا براءة المهود.

(تُسدل الستارة الحمراء)

(ظلام)

المشهد الخامس

(رصيف في ساحة عامّة، يقف محرّك الدمى العجوز يرتدي قميصاً أبيض، فوقه صديري أسود، ووجهه شاحب، وعلى أصابعه تلتفّ خيـوط تتدلّى منهـا دميتان، وتحـت قدميه بمقـدار قليـل صندوقه مسـدول السـتارة، ينحني للنظّارة الذين يشـكّلون مجموعتين، يقفـون على طرفي المسـرح، يصفّقون له، وعلى يسـاره يقف موسـيقيّ يُمسك عوداً، يرتـدي قميصـاً أبيـض وصديرياً أسـود، وعلى يمينه صبيّ إضاءة صغير يرتدي هو الآخر قميصاً أبيض وصديرياً أسود، يتفرّق النظّـارة، يجلس محرّك الدمى مسـتنداً إلى الحائط، يجلس على يسـاره الموسيقيّ على كرسيّ، وعلى يمينه يجلس الصبيّ)

محرّك الدمى: يبدو أن هذا آخر عرض لـيّ، أنا متعب وأشعر بالموت يدنو منّي.

الموسيقيّ: ربما تعبتَ من تكرار الحكاية نفسها، فأنا منذ أن عرفتك وأنت لم تبرح هذه المسرحيّة الحزينة.

محرّك الدمى: (يشير إلى صندوق الدمى) هذه حياتي يا بنيّ.

الموسيقيّ: (يهزّ رأسه) لذلك تبكي أثناء العرض دائماً، حتّى إن بعض النظارة تأثّروا بدموعك لا بحكاية دمـاك، وقد لحظت بعض النساء وهنّ يكفكفن دموعهنّ حين رأينك على طول المشاهد تبكي، كنتُ أُحرج حين أهمّ بسؤالك، فأردع نفسي.

محرّك الدمى: ولأنّني شارفت على الموت، أشعر بدبيبه يملؤني؛ لذلك لا حرج، اسأل.

الموسيقيّ: (بحزن) أأحدث ذلك الأمر لك؟ هل كنت على كرسيّ مدولب يوماً ما.

محرّك الدمى: يُقال الغبي من يمازح النمر قبل أن يروّضه، والعاقل من يروّض النمر ولا يمازحه.

الموسيقيّ: (ضاحكاً) لم أفهم.

محرّك الدمى: العالم هذا يا بنيّ مثل النمر، روّضه ولا تمازحه، وإيّاك إن مازحته دون ترويضه، سيلتهمك.

الموسيقيّ: (يضحك ويحكّ مؤخرة رأسه) كيف أروّضه وأنا أقرب لروح كائن أليف مدجّن. أشبه بطائر لا منسر له بل منقار، ولا مخلب له بل ظفر...

محرّك الدمى: كنت مثلك لستُ سوى طائر مكسور الجناحين، فلا طائر يستبقي جناحين في عالم من الرصاص والبنادق، حيث الفوّهات أغزر من العيون، والبنادق أطول عمراً من الأجساد البشرية، وحيث الرصاص أسرع من الحياة وأبقى، وحيث تجارة الموت رائجة، فيما كاسدة هي تجارة الحياة.

الموسيقيّ: طيّب، ما علاقة ما تقول بحكايتك؟

محرّك الدمى: (مطرقاً) لأنّ العالم النمر التهمني ذات مرّة... وحين عدت كان حبّ حياتي قد غادر إلى الأبد.

الموسيقيّ: الاكتمال؟

صانع الدمى: أن نقدّر تلك الطمأنينة التي يهبها لنا حبّ لا دنس فيه.

الصبيّ: النكران؟

صانع الدمى: خزي البشريّة.

الموسيقيّ: البراءة؟

صانع الدمى: أن ننصت للينابيع النقيّة في أنفسنا والعالم.

الصبيّ: الغفران؟

صانع الدمى: النضال ضد الرثاثة حتّى لا يتسع الصدع.

الموسيقيّ: النسيان.

صانع الدمى: انطفاء جليل.

الموسيقيّ: هل رأيت حبيبتك مرةً أخرى؟

محرّك الدمى: (بحزن) كلّا، منذ أن رحلت وأنا أعرض هذه المسرحيّة، لعلّها تأتي، ويبدو أنّ هذا عرضي الأخير.

الصبيّ: (بأسى) لماذا تقول ذلك يا عمّ؟

محرّك الدمى: أنا أموت يا بنيّ، منذ هذه اللحظة سيكون الصندوق لك، أنت صبيّ ماهر، مهما حدث

لا تفرّط بالدمى... (يناوله الدميتين).

الصبيّ: (يلتفت للموسيقيّ بخوف) ماذا يقول العمّ؟

الموسيقيّ: إنّه وضع صندوق دماه أمانة في عنقك، ووضع كليكما أمانة في عنقي.

الصبيّ: (مبتسماً وهو يلفّ خيوط الدميتين بأسطوانة) سأحمل صندوقك بدماه الحزينة حتّى أنقذ صبياً متشرّداً مثلي وأسلّمه أمانتك، كما سلّمتها لـي، سأعرض مسرحيتك هذه، وسأكتب أخرى.

محرّك الدمى: عندما كنت صبياً استضاف والدي رجلاً غريباً في ليلة شتائية باردة. وبات عندنا تلك الليلةَ، في الصباح قبل أن يغادر أعطاني صندوقاً فيه دمية لامرأة عاقر تهزّ مهداً فارغاً.. وقال لي كلاماً غامضاً حينها: كلّ شيء في دنيانا استعارة، لا شيء حقيقيّ فكن روح العالم.

الصبيّ: (يهتف بغرور مصطنع) أنا روح العالم الجديد إذن.

محرّك الدمى: (يبتسم) لكن احذر أن تكسر قلب امرأة

تحبّك. عندها ستكون الوسخ الأسود في ظفر القدم الصغير للعالم.

(يضحكون)

محرّك الدمى: (للموسيقيّ) اعزف آخر نهاوند في حياتي... مقامي القريب إلى روحي. (للصبيّ) وأنت وضّب دُماك ومصابيحك.

(تدخل للمسرح امرأة عمياء تشبه الدمية سرى، ويبدو أنّها لم تكبر، انتبه لها صانع الدمى الذي اتكأ على جدار أبيض صقيل، جلست قبالته وابتسم، ويبدو لم يرها أحد سواه، فالموسيقيّ يعزف النهاوند، والصبيّ يوضّب الدمى في الصندوق).

الطيف: أتذكر حين التقينا أوّل مرّة، حين رأيت مسرحيتك، وأنت تحرّك الدمى في السوق القديم... على كرسيّك المدولب.

محرّك الدمى: (مندهشاً) العاقر والمهد.

الطيف: قلتَ لي حينها، أنا العاقر الذي يبحث عن مهد.

محرّك الدمى: (يهزّ رأسه) وقلتِ لي حينها، لأكون لك المهد. وضحكنا.

الطيف: وقلتَ لي بعدها، عالم العاقر يشتعل بالحسرات...

محرّك الدمى: لم تقولي شيئاً، بل أضفت لكِ بعدها، تعالي أطفئيه.

الطيف: لكنّني لم أقل لكَ، أنا كنتُ عاقراً تبحث عن مهد أيضاً.

محرّك الدمى: ولم أقل لكِ أيضاً، أنا وأنت كلانا عاقر وكلانا مهد.

الطيف: لذلك قلتُ لك، الاكتمال أن نكون معاً، الحسرة وانطفاءها.

محرّك الدمى: وهتفتُ، الحلم وتحقُّقه.

الطيف: وسألتَني، هل أنتِ شاعرة؟

محرّك الدمى: أذكر جوابك، لستُ شاعرةً، بل كاتبة.

الطيف: وسألتَني بعدها، في أيّ الحقول تبذرين أفكارك؟

محرّك الدمى: فأجبتِني، أكتب عن فلسفة الغفران.

الطيف: فتعجبتَ، امرأة فيلسوفة.

محرّك الدمى: حينها قلتِ لي قولاً لن أنساه ما دمت حيّاً؟

الطيف:	تخيّل أنني أذكر كلّ ما قلتَه أنت... وشيئاً ممّا قلتُه.

محرّك الدمى:	أنا أيضاً. كلّ كلماتك أذكرها، والقليل من كلماتي.

الطيف:	ما الذي قلتُه ولن تنساه أبداً.

محرّك الدمى:	قلتِ لي، منذ أن ولدت لا تستطيع مخيلتي أن تشكّل ملامح الوجوه، فتستحوذ عليّ فكرة أنّ الناس، كلّ الناس بلا ملامح.

الطيف:	فقلتَ لي، أنا الآن لا وجه لي بالنسبة إليك؟

محرّك الدمى:	فأجبتني جواباً مذهلاً، قلتِ: إلّا أنت تبدو لي ملامحك، عيناك عينا ذئب لونهما بنّي، لك أنف أقنى، وفمك بشفتين غير بارزتين، عروق شرايينك تبرز خضراء في ظاهر كفّيّك...

الطيف:	هل قلتُ ذلك حقاً؟

محرّك الدمى:	لأوّل مرّة تراني امرأة.

الطيف:	المفارقة أن هذه المرأة عمياء لا ترى.

محرّك الدمى:	في حافّات العمر وانطفاء عيوننا بأثر الهرم،

نكتشف أنّ الرؤية رؤية القلب والروح، لا رؤية العين.

الطيف: (تهزّ رأسها مبتسمةً) كان لديك ميل مرضي في توهيم حقائق العالم، وتحويلها استعارات؛ لذلك تفهم الأشياء بعد فوات الأوان دائماً.

محرّك الدمى: معك حقّ، أنا لا أجيد فهم الأشياء في الغضون، بل بعد الفوات، وبين الغضون والفوات يلتبس عليّ كلّ شيء. فالعالم للأسف حقيقيّ وأنا للأسف صانع دمى[*].

الطيف: مرة أخرى بعد الفوات تفهم أنّ العالم حقيقيٌّ، حقيقيٌّ بصورة مهولة.

محرّك الدمى: لا شيء يؤلم روح صانع الدمى سوى فظاعة الإلحاح البشريّ في التأكيد على أن العالم حقيقيٌّ.

الطيف: أنت استعارة الفوات والنكران والالتباس البشريّ الفريد في الخروج عن العالم

---

[*] تناصّ مع قول الشاعر الأرجنتيني خورخي لويس بورخيس: العالم للأسف حقيقي، وأنا للأسف بورخيس.

الحقيقي من خلال تحليمه وتوهيمه.

محرّك الدمى: وأنتِ استعارة الاكتمال والغفران، والنسخة البريئة من أنفسنا والعالم.

(ينتبــه الموسيقيّ أن عينيّ محـرّك الدمى تنظران إلى الفراغ، يضع العود جانباً).

الموسيقيّ: (يحرّك أكتافه) يا إلهي...

الصبيّ: (باكياً يدلك صدره) استيقظ يا عمّ.

(يغمـض الموسيقيّ عينيّ صانـع الدمى، ويقبّـل جبينـه ويضـع كفّـه علــى صدره، يكفكف الصبيّ، يلتقـط المزهرية الصغيرة مـن الصندوق، ويضعها علـى صدر محرّك الدمى).

الموسيقيّ: (يتمتم بأسى) وداعـة الله[*]. لتنم روحك العاقر بسلام في مهدك الأخير.

(ظلام)

(انتهت)

(*) وداعة الله: عبارة توديعيّة في اللهجة العراقيّة تعني: أستودعك الله.

الفهرس